MEU DÍZIMO, MINHA ORAÇÃO

Meditações para o dizimista

Pe. FERDINANDO MANCILIO, C.Ss.R.

MEU DÍZIMO, MINHA ORAÇÃO

Meditações para o dizimista

EDITORA
SANTUÁRIO

Direção Editorial:	Pe. Fábio Evaristo R. Silva, C.Ss.R.
Conselho Editorial:	Pe. Ferdinando Mancilio, C.Ss.R.
	Pe. José Uilson Inácio Soares Júnior, C.Ss.R.
	Pe. Marcelo Rosa Magalhães, C.Ss.R.
	Pe. Mauro Vilela, C.Ss.R.
	Pe. Victor Hugo Lapenta, C.Ss.R.
Coordenação Editorial:	Ana Lúcia de Castro Leite
Revisão:	Bruna Vieira da Silva
Diagramação:	Mauricio Pereira

ISBN 978-85-369-0590-7

2ª impressão

Todos os direitos reservados à **EDITORA SANTUÁRIO** – 2021

Rua Pe. Claro Monteiro, 342 – 12570-000 – Aparecida-SP
Tel.: 12 3104-2000 – Televendas: 0800 - 16 00 04
www.editorasantuario.com.br
vendas@editorasantuario.com.br

MISSIONÁRIOS DA PARTILHA. MISSIONÁRIOS DA GRATIDÃO

*"O Cristo não veio para ser servido,
mas para servir"* (Mt 20,28).

Deus tudo criou. Deus tudo ofereceu. "Tudo foi feito por ele, e sem ele, nada foi feito" (Jo 1,3). O livro do Gênesis afirma que Ele criou a vida, que nele existia. O criador oferece de si mesmo ao criar o homem e a mulher: "Façamos o homem à nossa imagem e semelhança" (Gn 1,26). A Sagrada Escritura mostra o esvaziamento de Deus – *Kênósis*. Ele sempre toma a iniciativa para estar perto da criatura humana, apesar dos pecados quando nega-lhes o amor. Na vida do povo, tantos mensageiros foram constituídos por Ele para que o homem fosse resgatado. E não bastou, pois, na plenitude do tempo, "o Verbo se fez carne e habitou entre nós" (Jo 1,14). Deus partilha o Amor. Ele oferece o próprio Filho.

Fundamentada na "encarnação do Verbo", a missão da Igreja é esvaziar-se para ir ao encontro. Como disse o papa Francisco, a "Igreja em saída" é samaritana e misericordiosa. O cristão é exortado à conversão pessoal para a conversão pastoral. Nessa dinâmica, a Igreja tenta responder de forma propositiva aos tantos desafios em sua ação evangelizadora. A paróquia, comunidade de comunidades, deve ir além. Uma "pastoral decididamente missionária" (Doc. 100 da CNBB, n. 1) precisa de conversão e de investimentos. Todo católico, que celebra e vive sua fé na comunidade paroquial, sabe que o Espírito Santo conduz à conversão que gera a partilha da vida e dos bens. "Eles tinham tudo em comum" (At 2,44).

A partilha é resposta gratuita e generosa ao amor de Deus. Aqui fundamenta-se a catequese sobre a compreensão do Dízimo. Assim, como todo cristão é essencialmente missionário, também a partilha deve ser missão de cada um. Somos missionários da partilha.

Este livro não é um estudo sobre o Dízimo ou um plano da ação dos Missionários da Partilha nas comunidades. É um livro de oração. A consciência do dizimista nasce no coração. Aqui encontra-se uma trezena com fundamentação bíblica sobre o Dízimo, orações e motivação para partilha das experiências da Comunidade. Pode ser utilizado como temário para as festas dos padroeiros das capelas e matriz. Também será de grande valia para as pastorais da Paróquia, dentre elas, a Iniciação à Vida Cristã. Missionários da partilha, missionários da gratidão.

† Francisco de Assis Gabriel, C.Ss.R.
Bispo de Campo Maior, PI

Apresentação

Este subsídio trata do **Dízimo**, de um modo **meditativo e orante**. Sua estrutura deseja facilitar a Comunidade em sua reflexão sobre o Dízimo e, ao mesmo tempo, favorecer a meditação e a prece dos dizimistas.

Dá possibilidade para a Comunidade trabalhar uma semana inteira, ou aos fins de semana (sábado e domingo) durante o mês, pois há assunto suficiente para isso. Juntamente com outros subsídios e com uma dinâmica favorável, certamente, somará bons resultados.

Pretende ainda ser uma ajuda aos que cuidam do Dízimo, pois esses acreditam na força unificadora dessa Pastoral. De fato, a Pastoral do Dízimo traz a Comunidade para dentro de si mesma, unindo as pessoas, formando um corpo missionário.

Este subsídio traz textos bíblicos que inspiram cada momento de reflexão. Deseja que o Dízimo seja momento significativo de partilha na Comunidade. Ele é um ponto de apoio, de partida que, juntamente com outras fontes, favorecerá bastante a meditação sobre o Dízimo.

Esperamos poder ajudar você que está comprometido nessa Pastoral.

Pe. Ferdinando Mancilio, C.Ss.R.
Autor

Oração do Dizimista (1)

Pai santo, contemplando Jesus Cristo, vosso Filho bem-amado, que se entregou por nós na cruz, e tocado pelo amor que o Espírito Santo derrama em nós, manifesto, com esta contribuição, minha pertença à Igreja, solidário com sua missão e com os mais necessitados. De todo coração, ó Pai, contribuo com o que posso: recebei, ó Senhor. Amém

Oração do Dizimista (2)

Aceitai, Senhor, com meu dízimo, minha gratidão. Quero ser membro ativo de vossa Igreja. Vós, Senhor, me dais tantos dons, a começar por minha própria vida. Aceitai meu desejo de participar na missão de vossa Igreja, de me santificar, de ser anúncio da Boa-Nova de Jesus no mundo, para que as pessoas sejam mais santas e fiéis. Aceitai, Senhor, minha oferta, fruto de meu esforço e trabalho, da luta de cada dia. Quero que minha vida seja uma oferta agradável a vós, meu Deus e Senhor. Maria, Mãe de Jesus e nossa Mãe, dai-me a força de perseverar no compromisso do Reino, seguindo vosso exemplo de santidade. Por Cristo, nosso Senhor. Amém!

1

DÍZIMO:
BÊNÇÃO DO CÉU!

1. Antífona
A Palavra de Cristo ricamente habite em vós, dando graças, por Ele, a Deus Pai! *(Cl 3,16a.17c)*

2. Meditando
Dízimo foi e será sempre uma bênção do céu. Em seu amor, Deus nos escolhe sempre. Põe-se ao nosso lado e caminha conosco, estende as mãos e nos ampara nas horas difíceis e mais amargas. Quando afirmamos que Dízimo é uma bênção, simplesmente, manifestamos nossa gratidão para com o Deus que nos ama. Ele nos ofereceu tudo: o universo inteiro, a vida e tudo o que existe nasceu das mãos do Criador, que nos ofereceu todos os frutos da criação. Quando compreendemos essa dádiva que é a bênção do céu, pois aí está a presença do Senhor, o Deus de amor, então somos imensamente gratos para com tudo o que Deus nos fez.

Mas como podemos manifestar nossa gratidão para com o Deus que nos dá tudo o que precisamos? Na Carta aos Efésios 1,3, o apóstolo Paulo nos diz claro que: "Bendito seja o Deus e Pai de nosso Senhor Jesus Cristo, que nos abençoou com toda a sorte de bênçãos espirituais, nos céus, em Cristo" (Ef 1,3). As coisas materiais são importantes e necessárias para o sustento legítimo da vida. Mas os bens materiais não têm outra finalidade senão o sustento digno da vida. Então, por que a ganância e o desejo de acúmulo de bens, de riqueza? A experiência de despojamento nos mostrará que é necessário muito pouco para vivermos com dignidade. Mas o mundo do consumo nos ensina outro jeito de viver: consumir, consumir e consumir. Partilha, dignidade e solidariedade passam muito longe dessa ideologia.

Assim, quando reconhecemos que o que está ao alcance de nossas mãos foi feito por Deus, certamente mudamos o modo de nos relacionar com as coisas feitas por Deus. Tudo o que foi feito por Deus é uma bênção. O problema é quando há os que se aventuram a transformar o que foi feito por Deus em objetos de egoísmo e até de maldade. Por exemplo, tirar os elementos da natureza criada por Deus para fabricar armas, como isso pode ser uma bênção? A culpa é da atitude humana, que não sabe usar para o bem o que foi do agrado de Deus.

Deus nos chama para sermos uma bênção. Assim viviam os primeiros cristãos, na partilha constante da vida, dos dons, dos bens, da palavra animadora e confortadora de uns para com os outros.

Quantos homens e quantas mulheres bíblicas deram um grande salto na fé, por exemplo, Abraão que foi para onde Deus apontou, Moisés que se dispôs a enfrentar o faraó para libertar o povo... Sempre dá certo a consequência do chamado, pois se Deus chama, sempre dará certo, nada se desviará do caminho.

Assim, acolher o sentido profundo do Dízimo em nossa vida cristã é aprender a respeitar, partilhar, solidarizar-se com o que é de Deus, que é uma bênção divina. Dízimo será sempre uma bênção, pois com ele aprendemos a respeitar os dons divinos e a partilhá-los entre nós.

3. Palavra de Deus

Eles perseveravam na doutrina dos apóstolos, na vida em comunidade, na fração do pão e nas orações... *(At 2,42-47 – Ler o texto completo em sua Bíblia)*

4. Momento orante

— Nós vos louvamos, Senhor, nosso Deus, por vosso amor sem-fim.

— Nós vos bendizemos e vos glorificamos, ó Senhor!

— Sede bendito, Senhor Deus, no firmamento do céu e no mais profundo da terra.

— Pois sem vossa presença amorosa nada pode existir!

— Nós vos bendizemos pela partilha que há em nossa Comunidade,

— quando estendemos as mãos para oferecer um pouco do muito que nos destes!

— Obrigado, Senhor, pelo Dízimo e pelos dizimistas de nossa Comunidade,

— e por todos que se entregam por amor a vós e aos irmãos. Amém!

Oração: Chegue até vosso coração divino, ó Senhor, nosso Deus, nossa prece de gratidão por vossos imensos e incontáveis benefícios que nos ofereceis sem cessar, a nós, pobres pecadores. Convertei-nos, ó Senhor, e fazei-nos caminhar com mais firmeza e com passos mais largos, na solidariedade e na partilha com nossos irmãos e irmãs. Amém.

2

DEUS PARTILHA CONOSCO: O DOM DA CRIAÇÃO!

1. Antífona

Sede o rochedo que me abriga, a casa bem defendida que me salva. Sois minha fortaleza e minha rocha; para honra de vosso nome, vós me conduzis e alimentais. *(Sl 30,3-4)*

2. Meditando

Deus partilha conosco o dom de seu amor, da iniciativa de seu amor que criou todas as coisas. A ciência, mesmo diante de sua incontestável importância, nunca poderá dar uma resposta absoluta, ou seja, sobrepor-se ao ato criador de Deus. A ciência traz muitos benefícios para a humanidade, mas somente Deus pode fazer existir do nada. A ciência parte e ro descobre o que já está presente na criação de Deus.

Mas, para o Dízimo, o que significa refletir sobre o ato criador de Deus? Pois bem, aí está um olhar novo, pois, se Deus tudo fez para nós, se Deus nos deu 100% de tudo o que nasceu de seu amor, de tudo o que foi criado, o Dízimo torna-se, pois, um mínimo de gratidão para o tudo que Deus fez por nós. Deus não nos dá 10%, mas sim 100%. Nossa natureza egoísta não percebe isso, e o desejo de ganância, enraizado no ser humano, esquece-se do Deus que nos dá tudo, e na relação com Ele fazemos o mínimo.

Certamente que, refletindo sobre a criação divina e o Dízimo, podemos compreender bem profundamente como deve ser nossa relação com Deus e com a Comunidade. Todo Dízimo está voltado para a Comunidade, para o bem e o sustento da Comunidade, para o desenvolvimento pastoral e da caridade na Comunidade. Portanto, compreendendo o ato criador de Deus que nos dá tudo, dispomos um pouco do tudo para o bem de todos, para o bem da Comunidade.

A beleza da criação divina reflete em nossas atitudes de solidariedade, de comunhão e de fraternidade com nossos semelhantes. O belo é o amor divino na criação. O belo é o amor fraterno em nossa partilha na Comunidade, sabendo que os beneficiados serão nossos irmãos e nós mesmos, pois tudo passa, a Comunidade permanece.

Portanto, a beleza da criação tem tudo a ver com a beleza da partilha. É extensão do ato criador de Deus, e em nossos gestos de amor, de bondade e de fraternidade. Somos reflexos novos, recriados, da criação primeira de Deus. Por isso, a vocação do ser humano é ser dom, é ser a beleza de Deus aqui e agora.

Ainda há algo mais a ser pensado. Quando nos unimos na causa da Comunidade, portanto, somando com ela na causa do Dízimo, isso significa que aprendemos a olhar para uma única direção, ou seja, nossa união na Comunidade. E aí a vida acontece, floresce, perpetua.

Dom da criação é vida em abundância, a mesma vida que o próprio Jesus nos ofereceu. Se amamos, devemos também ser vida em nossa Comunidade, e não um incômodo, parado, sem ação, portanto, sem colaboração na missão da Comunidade. O Dízimo nos faz amar, respeitar, compartilhar, agir, viver no espírito de comunhão, respeitando o que Deus nos fez.

3. Palavra de Deus

Deus disse: "Façamos o ser humano a nossa imagem, como nossa semelhança; domine sobre os peixes do mar e sobre as aves do céu, sobre os animais domésticos, sobre todos os animais selvagens e sobre todos os répteis que rastejam pelo chão". *(Gn 1,26-31 – Ler texto o completo em sua Bíblia)*

4. Momento orante

— Ó Deus, fonte da vida, fonte da luz, e com vossa voz nos chamais

— para vos anunciar com alegria e todo nosso amor!
— Vós sois o Sol de nossa vida e inundais nossa existência com vossa misericórdia,
— para que sejamos verdadeiramente livres!
— Cobri a humanidade com vossa misericórdia,
— como as asas da águia que protegem seus filhotes,
— e sejamos firmes e fiéis na fé que professamos e no Evangelho que acreditamos.
— Obrigado, Pai, pela beleza da natureza e da vida que nos destes. Amém!
Oração: Senhor Deus, contemplando a natureza que plasmastes com vosso amor e o ser humano que criastes, reconhecemos vosso infinito e incansável amor, que nos faz reviver a cada dia. Despertai nossa consciência e nossas atitudes, para que assim tudo o que criastes seja respeitado, e o ser humano não tenha sua dignidade ferida pela ganância dos inescrupulosos. Amém.

3

ABRAÃO: ESCUTA DA PALAVRA!

1. Antífona
Dai a paz, Senhor, àqueles que em vós esperam, escutai a oração de vossos servos e guiai-nos no caminho da justiça. *(Eclo 36,18-19)*

2. Meditando
O Dízimo abre o coração do dizimista para a prática da Palavra de Deus e para a caridade com o irmão.

Abraão, como homem e modelo de fé e de escuta da Palavra do Senhor, nos dá um belo exemplo de desprendimento. Firme em sua fé exemplar, Abraão obedece a Deus que o chama. Dispõe-se inteiramente a deixar a terra, o que ali já havia feito, seus parentes e se põe a caminho. Não sabia o que iria encontrar, o lugar para onde Deus apontava era desconhecido para ele. Apenas confiou na Palavra do Senhor e partiu.

Escutar a Palavra e confiar! Eis o caminho que devemos seguir, como pessoas de fé e que se põe junto da Comunidade para caminhar com ela em direção ao Reino. A Palavra aponta a direção que devemos seguir, e dispor-se nesse caminho que Deus nos aponta só é possível para quem tem fé.

Muitos reconhecem as pessoas que têm fé, que se lançam nas coisas de Deus. Elas são respeitadas, não porque impõem alguma coisa, simplesmente, porque têm fé. Muito mais que isso, a vida delas ganha outro sentido, assim mostram a vida misturada com a fé, e a fé misturada com a vida. Abraão é respeitado, não somente entre os cristãos, mas também pelos muçulmanos, pelos judeus e tantos outros, por causa de sua fé.

Nossa Comunidade se reúne essencialmente por causa da Palavra. Somos convocados pela Palavra, não qualquer palavra, mas a de Deus. Assim, reunidos na Comunidade, bebemos dessa fonte comum, que é a "fala", a Palavra de Deus para nós. Se Abraão e tantos outros servidores do Reino realizaram-se no encontro com essa Palavra, temos a mesma oportunidade que nos é dada por Deus: viver confiante na Palavra do Senhor e abraçar a vontade de Deus em nossa vida. Outra prova dessa fidelidade a Deus foi dada por Abraão, quando ele quase sacrificou Isaac para provar para Deus sua fidelidade. Assim Deus interviu, e Isaac não foi sacrificado.

Em todos esses fatos, aprendemos o quanto Deus precisa estar em primeiro lugar em nossa vida sempre. É vivendo com gratidão e fidelidade que alcançamos, de fato, a vida, a liberdade e a paz. Quem faz essa experiência de Deus em sua vida comprova sua alegria e liberdade.

A Comunidade reunida no Senhor pode celebrar sua fé com toda a intensidade, pois a Palavra está sempre diante de nós, e é como luz a nos iluminar o caminho, a direção que devemos seguir. Assim fez Abraão: seguiu a direção da Palavra. Portanto, o Dízimo, iluminado pela Palavra, é caminho de santificação, pois partilhamos a vida com a Comunidade.

3. Palavra de Deus

Deus disse a Abrão: "Sai de tua terra, de tua família e da casa de teu pai, e vai para a terra que te mostrarei". (*Gn 12,1-9 – Ler o texto completo em sua Bíblia*)

4. Momento orante

— Libertai, Senhor Deus, os que andam tristes e oprimidos,

— e concedei-lhes viver na alegria e na paz verdadeira!

— Nós vos louvamos por aqueles que nos antecederam

— e viveram com firmeza a fé e a testemunharam sem reservas!

— Nós vos louvamos por tantos homens e mulheres que se dedicam na causa de vosso Reino,

— e não hesitam em manifestar vossa verdade nos ambientes de nossa sociedade!

— Obrigado, Senhor Deus, pois é em vós que encontramos o sentido da vida.

— Nós nos alegramos, Senhor Deus, com a certeza de vosso amor. Amém!

Oração: Ó Pai, vós que chamastes Abraão para ser o pai de uma multidão impossível de ser contada, guiai nossa mente e nosso coração no caminho de Cristo, vosso Filho e nosso Redentor. Olhai com bondade para vosso povo, nossa Comunidade reunida na mesma fé e esperança, e dai-nos a mesma coragem e disposição de Abraão, para assim testemunhar a verdade de Cristo, vosso Filho, que convosco vive e reina para sempre.

4

A CEIA NO EGITO: PARTILHA DA MESA — LIBERTAÇÃO!

1. Antífona

Confiei, Senhor, em vossa misericórdia; meu coração exulta porque me salvais. Cantarei ao Senhor pelo bem que me fez. *(Sl 12,6)*

2. Meditando

A Primeira Ceia Pascal foi realizada no Egito, naquela noite em que Moisés organizou o povo para libertá-lo das mãos opressoras do faraó. Cada família celebrou a ceia com ervas amargas e o cordeiro; depois o povo partiu em marcha, atravessando o Mar Vermelho e caminhando rumo à terra prometida, onde estava a verdadeira liberdade.

O povo atendeu o pedido de Moisés e saiu livre das mãos do faraó.

O Dízimo é um grande momento para a Comunidade cristã, pois, quando o povo se une e partilha a vida e os bens, como fizeram os hebreus no Egito, alcança a verdadeira libertação. Quando nos unimos, as coisas se tornam mais fáceis e conseguimos fazer muito mais. Por exemplo, cada um de nós pode ajudar uma pessoa mais necessitada que nós, mas se nos juntarmos para oferecer-lhe uma ajuda, certamente, conseguiremos fazer muito mais.

Assim como na ceia no Egito, que foi a Primeira Páscoa dos judeus, na qual se realizaram a partilha da mesa e a marcha para a terra da libertação, o mesmo pode ocorrer em nossa Comunidade, em nossa Igreja, se nos unirmos na fé pela causa do Reino. O Dízimo é uma contribuição importante para que tudo possa ser feito para o bem de todos. Onde há egoísmo ou interesses pessoais, jamais se conseguirá construir a vida de verdade. Da mesma forma que sem Cristo não há luz e as trevas dominam e oprimem, sem a união e o compromisso comum não há vida nem esperança, não há união nem libertação.

O que o Dízimo deseja, de fato, provocar na Comunidade? Certamente que deseja fazer acontecer o bem, a vida, a união, a defesa da dignidade das pessoas, a força para suprir ou superar as necessidades da Comunidade. Sem a oferta da vida não há vida em nenhuma Comunidade, não há dinamismo nem libertação autêntica, verdadeira.

O Dízimo colabora essencialmente para que aconteça uma renovada ação social-pastoral-libertadora na Comunidade ou na Paróquia inteira. A ceia no Egito nos ensina o quanto podemos transformar, quanta força tem a Comunidade, se houver união, se houver obediência. Nada e ninguém resistem à força da união em uma Comunidade. No Egito isso aconteceu, pois, por causa da união e da obediência, nem o faraó com todo o seu exército, com toda a sua força militar, pôde vencer o povo de Israel, que tinha como arma unicamente a união.

Mas para que isso aconteça é preciso nos unirmos. Se não houver união não haverá transformação. A Eucaristia, que celebramos em Comunidade, é a fonte por excelência de transformação. Ela gera união. O Dízimo não é simplesmente uma colaboração monetária, é, na verdade, o sinal de nossa partilha e de nosso compromisso com as pessoas que professam a mesma fé em nossa Comunidade. É a fraternidade entre irmãos. Só assim conseguiremos, de fato, a libertação e a vida que desejamos e esperamos.

3. Palavra de Deus

Deus disse a Moisés: "Eu vi, eu vi a miséria de meu povo no Egito e ouvi o clamor que lhe arrancam seus opressores; sim, conheço suas aflições". (Êx 3,1-12 – Ler o texto completo em sua Bíblia)

4. Momento orante

— Bendito seja o dia em que Deus se lembrou de seu povo oprimido no Egito

— e enviou um pobre homem chamado Moisés, pois tinha muitas dificuldades
— para tirar das garras do faraó um povo pobre e sem auxílio,
— escravizado no trabalho e na dignidade,
— ferido e machucado, pois vós o fizeste livre, um povo digno que experimentou bem de perto
— a grandeza de vosso amor libertador!
— Dessa primeira Páscoa, Senhor, podemos celebrar agora a Páscoa de Cristo
— e, com Ele, ressuscitar em cada dia para a vida. Amém!
Oração: Senhor Deus, vós que olhastes para vosso povo oprimido no Egito e dele tivestes compaixão, enviando Moisés, com toda a sua limitação, para libertá-lo das garras do faraó, olhai com misericórdia para nós, que vivemos agora e também desejamos alcançar a verdadeira liberdade e a paz. Firmai nossos passos, nossa vida e nossas decisões conforme o ensinamento de Cristo. Amém.

5

A dádiva da vida: Dom maior e sublime!

1. Antífona
Tirarei de vosso peito o coração de pedra, diz o Senhor, e vos darei um coração de carne. Porei meu espírito no meio de vós: sereis meu povo, e serei vosso Deus. *(Ez 36,26.27.28)*

2. Meditando
O Dízimo é uma dádiva, um presente de Deus, pois, conforme o ensinamento bíblico, ele gera a vida entre nós. O cristão tem por missão transformar a vida. A vida é o dom maior, porque o próprio Deus quis repartir conosco aquilo que Ele é: a Vida!

A vida que nos veio de Deus torna-se bênção se a oferecemos como dádiva, como dom. Ser dizimista é assumir a missão de porteiro, ou seja, cuidar da porta, para que não entrem ladrões e salteadores. É assumir a defesa da vida, da dignidade das pessoas. O Dízimo tem o dever moral de cuidar da vida, por isso, o gesto de contribuir com o Dízimo é uma forma de assumir em comum a defesa da vida.

É bonito ver Jesus dizendo que Ele conduz o rebanho porque é o Bom Pastor. Interessante notar que Jesus não fala de trazer o rebanho de volta ao redil. Fala de conduzi-lo. Vai levar o rebanho para fora. Aí está o sinal claro da primeira libertação do povo de Deus, a do Egito, quando Moisés libertou o povo oprimido.

Jesus quer que algo novo se realize no meio de seu povo. Espera que aconteça, de fato, a vida, que é encontro com Ele, com seu projeto de amor e de salvação. Não voltar para o redil significa que o povo tem de se pôr a caminho, deve tornar-se adulto na fé e nas decisões. O dizimista é um adulto na fé, que compreendeu que pode realizar muito mais do que imagina, que pode transformar a realidade que o cerca.

Diante da Palavra de Deus, tudo se torna muito claro: os que mais aproveitam a vida são os que se doam, que se apaixonam por servir os outros. Querem comunicar a vida, somente a vida. Por isso, o Dízimo não é um evento qualquer na vida das pessoas, mas sim o grande acontecimento da fé: eu partilho, eu não fico isolado em meu egoísmo. Eu ajudo a vida acontecer. É certo que a vida cresce e amadurece à medida que há entrega, que há partilha da vida. Isso também é missão, uma bela missão. Em nossas Comunidades, portanto, onde manifestamos em comum nossa fé, devem transparecer o sentido e a beleza da vida.

Quando é a vida que está em jogo, a Comunidade não pode ficar indiferente. Nossa sociedade hoje tem atitudes banais com o dom sublime da vida, e há quem faz dela um joguete de interesse. Coisa triste. A vida é dádiva, é dom. Desprezá-la é desprezar o próprio Deus.

O Dízimo vai exatamente ressaltar a dignidade da vida, pois onde há união há vida e toda possibilidade de exaltá-la, defendê-la. A Comunidade precisa ser o centro de irradiação do amor e da vida em Cristo. O Senhor do tempo e da história, da vida e de nossa redenção, continua a nos chamar para a vida, para a partilha, para a pertença e para a presença na Igreja. Ela é sacramento do Reino. Portanto, por detrás de nossa contribuição fraterna com a Comunidade, por meio do Dízimo, está nosso compromisso com a vida, e isso é uma bênção de Deus.

3. Palavra de Deus

Disse Jesus: "Eu sou a porta: se alguém entra por mim, será salvo; poderá entrar e sair e achará pastagens. Eu vim para que tenham a vida e a tenham em abundância". (*Jo 10,7-18 – Ler o texto completo em sua Bíblia*)

4. Momento orante
— Senhor Deus da vida,

— nós vos louvamos com gratidão e vos bendizemos!

— Vós que partilhastes conosco o dom inefável de vosso amor, que é a vida,

— ajudai-nos a resgatá-la das garras dos que não têm consciência de vosso dom.

— A vida, Senhor, vós bem sabeis, está ferida, machucada e desprezada em muitos lugares do mundo,

— fazei surgir homens e mulheres que a resgatem, a defendam e a promovam,

— porque vos amam e desejam vos servir com fidelidade.

— Tornai fecundo, Senhor, nosso labor e nosso viver. Amém!

Oração: Ó Deus da vida e Senhor da história, vós nos destes a vida, pois quisestes repartir conosco aquilo que vós sois. Nós vos agradecemos por vossa imensa e inconfundível bondade. Fazei-nos caminhar neste mundo sempre sustentados por vossa misericórdia. Inspirai nossas atitudes, para que elas ajudem os homens e as mulheres do tempo de agora a vos amar e respeitar, promovendo a vida. Amém.

6

Nossa vocação: Amar e servir!

1. Antífona

Darei testemunho diante de meu Pai, que está nos céus, de quem der testemunho de mim diante dos homens, diz o Senhor. *(Mt 10,32)*

2. Meditando

O Dízimo me ajuda a viver minha vocação cristã. Ajuda-me a amar e servir com alegria e doação. É bonito ver o trecho do Evangelho que nos fala do chamamento dos Doze primeiros. Estavam lá em seus afazeres, em suas ocupações, e, de repente, algo diferente acontece: são chamados por Jesus. Escutam a voz do Cristo e se põem a segui-lo.

O mesmo Jesus que passou à margem do mar da Galileia, e chamou os primeiros para segui-lo, passa hoje em nossas Comunidades e Paróquias. Sua voz ecoa entre nós. A diferença, talvez, esteja em saber escutá-la, pois, ela pode revelar-se exatamente por intermédio de um irmão ou uma irmã. É certo que a face do Cristo se revela na face de nossos irmãos.

O chamamento de Cristo hoje é para que sejamos amigos dele. Ele nos convida a nos vincularmos a sua pessoa, a um projeto de vida transformador, libertador e salvador.

Ao contemplarmos a história de nossa Comunidade, veremos, com surpresa, o número incontável daqueles que fizeram a Comunidade acontecer, que doaram sua vida, pois apostaram no projeto de Jesus, no Evangelho. Temos muito o que aprender. Precisamos caminhar mais, e até apressadamente, como fez Maria, após a anunciação: caminhou apressadamente para a casa de Isabel! Esses são verdadeiros discípulos de Jesus, por seu testemunho e suas obras.

A história está agora em nossas mãos. Amando a história já vivida, podemos fazer a nossa agora, e assim plantarmos o futuro no aqui e agora. É hora de ação e de comunhão. O que fazemos não é para benefício pessoal, mas para o bem da coletividade, para o bem da Comunidade.

Cristo colocou o ser humano no centro de seu anúncio, anúncio do Evangelho. Poderia ter defendido uma instituição, um poder constituído, mas não. Defendeu a pessoa. Foi ao encontro dos mais abandonados da sociedade de seu tempo: os pecadores, os doentes, os excluídos... Claro que a classe dominante, a dos Mestres da Lei e dos fariseus, não gostou de Jesus não ligar para eles. Por isso, recusaram-no e o condenaram. Mas Jesus não cedeu nem um pouco a eles. Foi fiel até o fim no anúncio do Evangelho aos pobres e na missão que o Pai lhe confiou. Nem a ameaça de morte desviou-o desse caminho.

Quanto temos a aprender com Jesus, de suas atitudes como Homem e como Deus. Ele espera que tenhamos as mesmas atitudes dele. E Ele está nos pedindo somente o que nos é possível. Recusar seu pedido é dizer não a nossa vocação de amar e servir.

O dizimista tem, pois, a grande oportunidade de viver sua vocação cristã de modo autêntico e fiel, amando e servindo. Quando colaboro com a Comunidade, monetariamente ou oferecendo meus dons e meu tempo para o bem da Comunidade, estou vivendo minha vocação.

Por isso, é preciso redescobrir agora a grandeza do chamado que o Senhor nos faz. Tomemos, pois, a decisão necessária, e encaminhemos nossa vida conforme o desígnio benevolente de Cristo.

3. Palavra de Deus

Disse Jesus a Simão e André: "Segui-me e vos farei pescadores de homens". *(Mc 1,16-20 – Ler o texto completo em sua Bíblia)*

4. Momento orante

— Senhor Deus da vida, como o sol do meio-dia,

— vós iluminais nossa vida!

— Vós nos destes a vida e nos fizestes a vossa imagem e semelhança

— para que no mundo fôssemos sinais de vossa presença amorosa!

— Guarde-nos com firmeza vosso amor, e vossa bondade sem limites

— nos faça vos servir e amar!

— A vós, ó Deus, que nos chamais à vida e à missão,

— nosso amor, nosso louvor. Amém!

Oração: Senhor Deus, ajudai-nos a redescobrir a grandeza do dom da vida que nos destes. Vós nos chamastes para sermos continuadores de vossa Aliança de amor, que fundastes em Jesus Cristo. Dai-nos a graça de sermos fiéis ao Evangelho, e assumindo com alegria os Ministérios e a missão que vós nos indicais em nossa Comunidade. Fortalecei-nos, Senhor, em vosso amor. Amém.

7

Confiar na Palavra:
Importa lançar as redes!

1. Antífona
Diz o Senhor: Se alguém tiver sede, venha a mim e beba. Daquele que crê em mim, brotarão rios de água viva. *(Jo 7,37-38)*

2. Meditando
Ser dizimista significa confiar na Palavra, pois ela é luz que dissipa toda treva. A voz de Cristo continua a alcançar o coração dos primeiros chamados. Por isso, é muito bonita a resposta de Pedro a Jesus: "Mestre, labutamos a noite inteira sem nada conseguir; porém, já que o dizes, jogarei as redes".

Pedro obedeceu a Jesus e teve êxito: a pesca foi grande, abundante!

Nós corremos o risco de viver uma fé isolada, a partir de nossas concepções religiosas, herdadas, até mesmo, de nossas famílias. É preciso dar passos, precisamos crescer, amadurecer. É impossível querer viver uma fé fundada no individualismo.

A atitude de Pedro provoca-nos, pois, obedece à Palavra de Cristo. Até parece que duvidou um pouco, pois havia pescado a noite inteira, sem sucesso. Mas foi surpreendido com a abundância dos peixes. A Palavra de Jesus deve ser acolhida e vivida com intensidade. Esse é o caminho de nossa realização humana, da liberdade e da salvação.

O dizimista participa da Comunidade, sente-se membro ativo, parte integrante do povo de Deus, porque não está sozinho, não está vivendo a fé de modo isolado ou individual, mas de forma integrada com os irmãos e irmãs. O sentimento de pertença deve existir sempre no cristão. No episódio de Pedro com Jesus, que manda lançar as redes, a obediência à Palavra de Jesus compensa fadigas e abre muitas expectativas.

Ser dizimista é lançar as redes em obediência à Palavra e ser surpreendido pela abundância da graça de Deus. Minha participação como dizimista representa somar forças na causa do Reino. Se eu não posso "fazer isso", colaboro para que o outro "possa fazer". Assim a confiança na Palavra do Senhor me faz colaborar constantemente com a missão de minha Comunidade. Certo é que há mais necessidades que possibilidades, mas aos poucos, e com nossa participação, ajudamos muito na Comunidade. Sempre haverá o que fazer.

Portanto, o Dízimo está profundamente ligado à escuta da Palavra do Senhor. Isso significa estar atento a seu ensinamento e com disposição, obedecendo ao Senhor, cumprindo aquilo que nos ensina. A Palavra nos conduz para dentro da Comunidade e nos faz redescobrir sempre nossa pertença a ela. Compreender o sentido do Dízimo na Comunidade é compreender o dinamismo do amor de Deus entre nós. A dinâmica do amor é que nos faz fortes na fé e na Comunidade. Assim como fez Pedro, lancemos nossas redes em obediência ao Senhor.

3. Palavra de Deus

Jesus disse a Simão: "Avança para águas profundas e lança tuas redes para a pesca". *(Lc 5,1-6 – Ler o texto completo em sua Bíblia)*

4. Momento orante

— Há, Senhor, os que vivem na terra como se estivessem em um exílio, pois buscam o que é passageiro,

— o que é relativo, não dando lugar no coração ao Senhor!

— Senhor, sois grande e tão humilde, pois afagais a erva do campo, deixando dourado o trigal

— e enchendo de fonte de água límpida a terra inteira, pensando em cada um de nós!

— Obrigado pela eternidade que inaugurastes na terra, com a vinda de vosso Filho Jesus, vossa Palavra inefável,

— tão viva e tão presente em todo o tempo, em toda a história. Amém!

Oração: Ó Pai, vós que nos enviastes vossa Palavra entre nós, Jesus Cristo, vosso Filho e Redentor nosso, confirmai-nos, para que, vivendo dignamente nossa vida cristã, sejamos testemunhas de vossa verdade. Fazei-nos, pois, viver em comunhão fraterna, como nos ensina vossa Palavra, partilhando entre nós os valores de vosso Reino. Amém.

8

EDUCAR-SE NA FÉ: DEUS AMA A GENEROSIDADE!

1. Antífona
Mostrai-me, Senhor, vossos caminhos, e ensinai-me vossas veredas. *(Sl 24,4)*

2. Meditando
O Dízimo nos educa na fé. Quando aprendemos a repartir, é interessante que Deus não nos deixa faltar nada. O que é de Deus é dele, não é nosso, portanto, ser dizimista não é uma atitude nossa, mas reconhecimento de tudo o que o próprio Deus nos dá. Quando contribuo com o Dízimo, estou apenas dizendo para Deus que tenho gratidão no coração, porque Ele me concedeu bens em abundância, sem merecimento meu.

Vivemos em uma sociedade marcada por uma cultura secularizada, centralizada no consumismo, no hedonismo, ou seja, no querer obter "o prazer como bem supremo". Somente a vida vivida no amor pode trazer felicidade duradoura. As propostas de felicidade apresentadas pela cultura do mundanismo não trazem nenhuma felicidade que dure "um dia inteiro sequer".

A generosidade de Deus para conosco compara-se, guardadas as proporções, a de uma mãe para com seus filhos. Ela trabalha mais que todos em uma casa, suas horas diárias de luta ultrapassam e muito o horário legal de qualquer trabalho. Mesmo uma mãe abandonada e sofredora não deixa de manifestar sua ternura, a generosidade amorosa para com seus filhos, mesmo que sejam ingratos. Infelizmente, há ingratidão, que ronda nossas famílias.

Nossa cultura atual tem muito de espetáculo. A sociedade do consumo é marcada pelo espetáculo, mesmo que haja escravidão. Deus não quer e não aprova esse modo de viver e de pensar, porque não traz vida nem liberdade. Deus quer a generosidade do coração. Quando nos sentimos fortes interiormente, com certeza nossa generosidade está em alta, e essa atitude nos edifica, alegra-nos e nos traz paz. A prática do bem e da generosidade só nos faz bem.

Como deve ser, pois, nossa atitude cristã? Não há dúvida de que o Evangelho é a base e o sustentáculo de nossa vida cristã. Ele é, sem cessar, a fonte de inspiração necessária para cada ser humano, mas, quem é generoso soube compreendê-lo mais profundamente. Por isso, nunca se revolta, mesmo diante da maior dificuldade, pois, sabe que quem confia e espera no Senhor sairá vencedor. O próprio Cristo é exemplo disso, pois, foi tantas vezes ultrajado e desprezado; jamais se revoltou ou deixou para trás sua missão. Saiu vitorioso com sua ressurreição, de todos os escárnios, até o mais incruento, sua crucifixão e morte.

Já é possível compreendermos que o Dízimo vem provocar em nós uma mudança forte de vida, no seguimento de Jesus e porque nos tornamos generosos nas atitudes, no amor, na prática do bem, na partilha. Quando reconhecemos que devemos sim oferecer o que é de Deus, e não querer o que é dele para nós, nós nos tornamos verdadeiramente generosos. Interessante que, assim fazendo, nós nos tornamos alegres e somos nós mesmos os mais beneficiados.

3. Palavra de Deus

Disse Jesus: "Se, portanto, eu, que sou o Senhor e o Mestre, vos lavei os pés, vós também deveis lavar-vos os pés uns aos outros. Pois eu vos dei o exemplo, para que façais como eu fiz" *(Jo 13,1-15 – Ler o texto completo em sua Bíblia)*

4. Momento orante

— Ó Deus, nós vos bendizemos, pois não vos cansais de nos amar e de espalhar vossa bondade na terra.

— Mas confiamos em vós, Senhor, pois sois muito mais poderoso que todo mal da terra!
— Vós nos educais por meio de vossa Palavra e do testemunho das pessoas que vos são fiéis,
— e elas são fontes de inspiração para nossa Comunidade, na vivência da fé e da caridade!
— Fortalecei nossa esperança e guiai-nos no caminho de Cristo, vosso Filho,
— e no seguimento dele, seremos educados por seu ensinamento, seu Evangelho!
— Vós sois bondade sem-fim, ó Senhor, e vosso coração divino transborda de amor e de misericórdia
— por nós, que somos peregrinos na terra. Amém!
Oração: Ó Deus, vós fostes generoso para conosco, dando-nos vosso Filho único para nossa salvação. Fazei-nos ser fiéis ao vosso ensinamento, e cumprir com fidelidade vossos mandamentos, para que alcancemos as bem-aventuranças de vosso Reino. Educai-nos na verdade de Cristo, e guiai-nos em cada dia no caminho de vosso Reino. Amém.

9

REPARTIR A VIDA: PARTILHAR OS DONS!

1. Antífona
Eu mesmo apascentarei minhas ovelhas e as farei repousar, diz o Senhor. *(Ez 34,15)*

2. Meditando
O Dízimo nos ensina a partilhar a vida. Quando partilhamos os dons que Deus nos deu, estamos partilhando a vida. Nossa própria vocação humana – pois fomos chamados por Deus à vida – e a liberdade com a qual Deus nos dotou fazem-nos ser plenitude e serviço no mundo.

Essa verdade da partilha da vida aprendemos de Jesus, por isso somos chamados a sermos continuadores dessa aventura de amor doado, amor ágape. Ele foi ao encontro dos mais desprezados e abandonados. Jesus acolheu todos, mas sua atenção estava voltada, principalmente, aos pobres, aos pecadores, aos doentes, aos injustiçados. Há na sociedade quem quer justificar sua posição social, dizendo que "não foi bem assim, Jesus pertenceu à classe média ou alta". Isso é interessante porque Jesus nasceu na periferia de Belém, morreu e nem um túmulo tinha para ser sepultado. Afirmações assim são ideologias e não Evangelho. Claro que todos os que o procuram com sinceridade de coração o encontrarão. Mas não queiramos justificar os bens que temos de um modo não convincente nem verdadeiro diante do Evangelho. Se nos apegamos aos bens, mesmo que sejam poucos, é sinal que os bens ocupam o lugar de Deus em nossa vida. A frase de Jesus é tocante e vem bem ao nosso encontro: "Eu vim para dar a vida aos homens e para que a tenham em abundância" (Jo 10,10).

Nossa Comunidade é um enriquecimento, pois, Deus distribui seus dons conforme lhe apraz, e nós, unidos na mesma fé, podemos partilhar esses mesmos dons que nos foram concedidos por Deus. Evidentemente que todo dom é para edificar a Comunidade, e não a si mesmo, a quem o recebeu. Esse modo de agir não é o de Deus. Cada cristão batizado é portador dos dons divinos, que devem desenvolver-se em unidade com os dons dos outros.

O que o Dízimo realiza no meio dos dons que Deus concede às pessoas? O Dízimo favorece muitas coisas para as pessoas e para a Comunidade, e nessa ação conjunta, ou melhor, comunitária, os que se beneficiam são todos os que participam da Comunidade. Partilhar a vida, partilhar os dons e os bens só pode trazer o bem, principalmente, para as pessoas.

A vida é para ser repartida e está sempre em primeiro lugar, está acima de qualquer outro valor ético. A vida vem sempre em primeiro lugar, como dom de Deus a ser respeitado sempre, e é para ser doada como oferta agradável ao Senhor. Isso nos faz bem e livres de forma verdadeira. Nesse sentido, o Dízimo assegurará a vitalidade da Comunidade.

Por isso, não tenham medo nem reserva de repartir a vida, os dons e os bens que nos foram dados por Deus. Sim, Ele tem direito de "ter sua parte", como sinal de gratidão. É impossível "contabilizar" o amor e o bem que Deus nos concede sem cessar, todos os dias.

3. Palavra de Deus

Levantando os olhos, Jesus viu gente rica depositando no cofre do templo suas ofertas. Viu também uma pobre viúva colocando ali duas moedas pequeninas. *(Lc 21,1-4 – Ler o texto completo em sua Bíblia)*

4. Momento orante

— Senhor Deus, vós sois grande sobre a terra e também, nos céus, vossa beleza está refletida

— em cada criatura e na face de cada homem e mulher!

— Olhando a imensidão do céu, povoado de estrelas e planetas, de galáxias e cometas,

— como ainda podeis lembrar de cada ser humano e chamá-lo pelo nome?

— Somente um Deus que ama sem cessar não esquece de quem é a pupila de seus olhos:

— cada um de nós, a humanidade inteira!

— Obrigado, Senhor, pois vós vos achegais sempre para perto de nós, às vezes tão cansados do caminho,

— e nos amparais com vosso amor e com vossa misericórdia. Amém!

Oração: Senhor Deus, ensinai-nos a partilhar a vida, o pão e o coração e ter os mesmos sentimentos de vosso Filho Jesus. Vós, que não cansais de nos amar e nos dar vossos dons, conservai-nos na vida de comunhão em vossa Igreja, em nossa Comunidade, fortalecendo-nos na vida de solidariedade e de partilha de vossos dons inefáveis. Ajudai-nos, Senhor, nosso Deus. Amém.

10

Repartir o pão:
A partilha mata a fome!

1. Antífona
Atendei-nos, Senhor, em vossa grande misericórdia; olhai-nos, ó Deus, com toda a vossa bondade. *(Sl 68,17)*

2. Meditando
O Dízimo me ensina a partilhar e a ajudar nas necessidades urgentes das pessoas e da Comunidade. Sem a partilha é impossível ajudar nas necessidades que vão surgindo na vida das pessoas ou na Comunidade. Jesus teve a atitude surpreendente diante da multidão com fome: "Multiplicou os pães e saciou a fome daquela gente". Mas, antes, vai dizer para os discípulos que eles mesmos é que deveriam dar de comer ao povo faminto.

Os discípulos acham isso impossível, pois não pensaram na possiblidade da partilha, da multiplicação, que se realiza quando há partilha. Pensaram como muitos de nós: "Se eu tivesse dinheiro compraria isso... para fazer aquilo outro...". O dinheiro é um valor, é verdade, mas um valor relativo. O valor maior está na união, na estendida de mão que acolhe e reparte. Jesus quis sim testar os discípulos, para ver se eles já haviam progredido um pouquinho mais na fé e na compreensão do Reino. Jesus tem paciência, pois viu que eles não estavam ainda tão maduros.

O Evangelho, desde que nasceu no coração de Jesus, ressoa forte no mundo inteiro e em cada século da história humana. Ele é a Boa Notícia sempre e em cada realidade que vivemos. Portanto, o episódio da multiplicação dos pães interroga nossa fraternidade hoje. Nós nos reunimos na mesma fé em Cristo, por isso, bebemos da mesma fonte de vida, que é o ensinamento de Cristo. E por que demoramos tanto para mudar? É que ainda não damos tudo de nós mesmos como deveríamos; porque não damos tudo o que Deus merece. Ainda buscamos nossos próprios benefícios, assim a vida fraterna e a partilha não têm vez em nossa vida.

Assim, vendo o fato da multiplicação dos pães, que foi de uma nobreza sem tamanho, devemos olhar para nossas atitudes comuns e de fé. Como agimos e reagimos em nossa Comunidade? Qual é o lugar que a partilha ocupa em nossa Comunidade? Ainda há muito por fazer na Comunidade e em nós mesmos.

O Dízimo nos educa para a partilha. A perseverança no Dízimo nos fará perceber, cada vez mais, o quanto Deus merece de nós e o quanto podemos ajudar a Comunidade. É assim que o Reino vai se estabelecendo entre nós. Escutar a Palavra e partilhar o pão é sinal de vida, de presença do Reino.

Abramos, pois, o coração e a mente para compreender e viver o sentido tão belo do Dízimo em uma Comunidade cristã. Tudo o que fazemos para favorecer nossa Comunidade, estamos fazendo a favor do Reino. O tempo passa e nós passamos com ele, mas a história de amor e de vida, que foi construída, dura para sempre. Só nos resta tomarmos a atitude de partilha, da união e da fraternidade em nossa Comunidade-Igreja. Assim o Reino se tornará vivo e real entre nós.

3. Palavra de Deus
Disse Jesus: "Vós mesmos deveis dar-lhes de comer" *(Mt 14,13-21 – Ler o texto completo em sua Bíblia)*

4. Momento orante
— Senhor, nas ruas o calçadas de nossas cidades,
— **vemos rostos cansados e tristes,**
— e ficamos pensando na luta da vida do pai de família, da mãe sempre disposta,
— **mesmo depois do dia inteiro de trabalho,**
— a socorrer e afagar o filho doente ou desanimado,

— e isto é repartir o pão, é repartir a vida, é caminhar como cristão!
— Assim como Jesus, que teve compaixão da multidão sem ter o que comer,
— compadecei-vos de nós, Senhor, e dai-nos vossa paz. Amém!
Oração: Senhor, nosso Deus, vós criastes todas as coisas, para que assim os homens e as mulheres vivessem com dignidade. Mas vós bem sabeis: há egoísmo e ganância entre nós, gerando uma multidão de famintos, de necessitados. Dobrai nosso coração para a fraternidade e a generosidade de vosso amor, de modo que, partilhando a vida, ajudemos a diminuir a dor de nossos irmãos e irmãs. Amém.

11

Dízimo: Pagar? Contribuir? Trazer?

1. Antífona

Senhor, alegrem-se todos os que em vós confiam e exultem eternamente aqueles que protegeis. *(Sl 5,12)*

2. Meditando

Dízimo é contribuição, é reconhecimento, é gratidão! Normalmente, ouvimos dizer no meio das pessoas: "Já paguei meu dízimo". O que você acha desse modo de se expressar? Parece que ressoa muito estranho: "Pagar o dízimo". E é estranho mesmo.

Já meditamos o quanto Deus nos faz. Ele nos dá 100%, e não apenas 10%, que é o que quer dizer a palavra "dízimo". Se eu oferto 10%, Deus ainda me deixa com 90%, portanto, a expressão "pagar o dízimo" é inteiramente incorreta e indevida.

Qual deve ser nossa atitude cristã? Confiar plenamente no Senhor. Ele é nosso Deus, e se põe ao nosso lado para nos servir em seu amor. Nele

49

está a certeza da vida, da paz. Nele estamos livres de todos os infortúnios. Portanto, trazer para o altar o Dízimo é atitude de **gratidão** e de **reconhecimento** de tudo o que Deus faz por nós e pela Comunidade, demonstrando também que sem Ele nada podemos fazer. Por isso, trazemos nossa **contribuição**. Com o Dízimo, contribuímos para o bem comum da Comunidade, unimos forças, empenho, dedicação. Assim a Comunidade pode realizar muitas coisas, principalmente a caridade. A Igreja nos ensina que, com o Dízimo, **contribuímos**, portanto, não pagamos.

Essa contribuição tem sentido profundo em nossa vida cristã de Comunidade. Por meio dela, manifestamos nossa presença, nosso interesse pela Comunidade, nossa participação na dimensão missionária da Comunidade, na união de forças para a prática da caridade, no compromisso com a justiça distributiva, demonstrando que temos um coração muito agradecido a nosso Senhor, pelos incontáveis bens que dele recebemos todos os dias. Ainda é possível enumerar muitas outras dimensões apostólicas presentes na Pastoral do Dízimo.

No Evangelho, Jesus fala da fidelidade no pouco, e aí então se poderá confiar o muito. O Senhor deixa-nos claro que ele aprecia muito a fidelidade: quem é confiável no pouco também o é no muito.

O pouco são os bens do mundo; o muito são os bens do céu, do Reino de Deus.

Certamente, já é possível compreender que o gesto **contributivo do Dízimo** não é um gesto qualquer. Ele é extremamente significativo, pois impulsiona a Comunidade na direção missionária. Unidos temos muito mais força e presença, e o bem realizado é partilhado com todos. Há muitos holofotes no mundo, mas nenhum está voltado para a grandeza da prática do Dízimo, da contribuição humilde, mas sincera e verdadeira dos pobres do Reino de Deus. Quanto bem a Igreja faz, mas há os que preferem apontar seus defeitos, em vez de sua grandeza em favor da vida das pessoas.

Contribuir com o Dízimo é, portanto, uma atitude conveniente e necessária para cada cristão. Tenhamos, pois, um coração aberto e acolhedor dessa missionariedade do Dízimo em nossa Comunidade. Sejamos missionários da partilha.

3. Palavra de Deus

Disse Jesus: "Quem é fiel nas coisas pequenas é fiel também nas grandes. Quem é desonesto nas coisas pequenas, é desonesto também nas grandes". *(Lc 16,10-12 – Ler o texto completo em sua Bíblia)*

4. Momento orante
— Louvai o Senhor, homens e mulheres, aves, peixes e animais selvagens,
— e tudo o que tem vida embaixo da terra, ou lá em cima, no céu!
— Louvai-o homens do campo e da cidade, dos altos edifícios ou do pobre barraco da favela,
— entoem louvores ao Senhor, que tudo nos deu e quase nada podemos retribuir!
— Louvai os transeuntes de pé descalço, ou que vão de ônibus, metrô ou grandes aviões,
— pois todos temos o mesmo destino: Nosso Deus e Senhor!
— De que valem todas as aventuras humanas, se nosso coração não estiver em Deus? Nós vos agradecemos, Senhor,
— pois vós sois a segurança e o sentido de nossa vida. Amém!
Oração: Confirmai-nos, ó Deus, em nosso batismo e inspirai-nos atitudes que venham somar com a presença de vosso Reino entre nós. Organizados na Comunidade, participando alegremente da vida de irmãos, conforme nos ensinou Jesus, vosso Filho, seja nossa participação no Ministério do Dízimo em nossa Comunidade um jeito de agradecer vosso amor e contribuir com a construção da vida. Amém.

12

Missionários da partilha: Eis nossa missão!

1. Antífona
O Filho do homem veio, não para ser servido, mas para servir e dar sua vida pela salvação de todos. *(Mt 20,28)*

2. Meditando
Nossa vida é um verdadeiro altar onde deve haver o compartilhamento. Compartilhar é palavra forte e que deve estar profundamente em cada coração humano. A vida é um verdadeiro altar, onde Deus, em seu amor infinito, deposita todos os bens a nosso favor. Só um Deus que ama faz assim.

É do desejo divino que o ser humano seja o centro de toda vida social e cultural, e que nele possa resplandecer a dignidade humana, ou seja, a dignidade de ser imagem e semelhança de Deus, ser filhos no Filho. Essa é uma verdade que precisa alcançar a cada ser humano na face da terra. Há muitos irmãos e irmãs fragmentados no mundo, e que andam à procura da paz e da harmonia interior.

Fragmentação também é social, pois, quando não se tem a cidadania respeitada, está-se a ferir a dignidade do ser humano.

Diante de uma realidade como esta, cruel, mas verdadeira, é que Deus nos chama para que sejamos "Missionários da Partilha". É grande a missão do cristão, pois é na realidade em que vive que deve atuar, testemunhar, viver, dialogar, servir...

Ser "Missionário da Partilha" significa reanimar o povo na esperança, no meio da realidade presente, comprometendo-se a criar um "mundo novo", ou seja, onde se possa, de fato, viver a verdadeira liberdade. Aspiramos sempre ao que nos é melhor. Mas existe uma realidade, um mundo real, que está diante de nós, e nós estamos envoltos nele. Mas é para isso que Deus nos chama: para sermos sal, luz, fermento no mundo.

Ser "Missionário da Partilha" significa apostar em um mundo possível, que ainda não existe, mas existirá, pois esse é também o desejo de Deus. Quando isso vai verdadeiramente realizar-se não depende de nós, mas de Deus. Porém, se deixarmos de fazer nossa parte, é certo que demorará muito mais. Ser "Missionários da Partilha" significa aspirar ao "novo céu e nova terra", que Deus já nos prometeu.

Toda a Comunidade ou Paróquia inteira deverá organizar os "Missionários da Partilha" como um corpo bem coeso, bem forte, unido. Nesses apóstolos missionários devem estar sempre presentes a acolhida, a misericórdia, a bondade, o espírito humilde e missionário. Essa receita é inseparável da ação dos "Missionários da Partilha". Eles devem marcar presença nos eventos da Comunidade Paroquial sempre, seja em grandes ou pequenos eventos. A camiseta é um meio para trazer uma identificação rápida. Mas isso não é o mais importante, pois são importantes a organização, os encaminhamentos e os esclarecimentos para o povo, e também a apresentação do que se conseguiu com o Dízimo, tanto em obras como em ofertas.

Certamente que há muitos outros pontos a serem considerados, mas ser "Missionários da Partilha" deve estar enraizado no coração dos agentes dessa Pastoral e também do povo. Não são "agentes do dízimo", são "Missionários da Partilha". A palavra "dízimo", por si só, não tem nada de religioso, pois significa a décima parte.

Vivamos, assim, a bela dimensão cristã, nascida do Evangelho, que é sermos "Missionários da Partilha".

3. Palavra de Deus

E como haverão de crer naquele de quem nunca ouviram falar? E como ouvirão falar dele se ninguém o anuncia? E como anunciarão se não forem enviados? Como está escrito: "Como são belos os pés dos que anunciam boas novas". *(Rm 10,14-18 – Ler o texto completo em sua Bíblia)*

4. Momento orante
— Deus e Senhor de todas as criaturas, Deus próximo e misericordioso,
— a vós erguemos nosso canto em coro de louvor, de gratidão e de amor!
— Tudo fizestes por amor e com toda a sabedoria. Criastes o sol, a lua e as estrelas,
— e os fizestes brilhar sobre toda a humanidade, sobre os justos e os injustos!
— O pássaro, que voa no mais alto dos céus, e as andorinhas em bando vos louvam e vos bendizem,
— pois a eles vós destes asas para voar!
— Obrigado, Senhor, por vossa ternura, por vosso amor que não tem fim,
— fazei-nos vossos servidores fiéis. Amém!
Oração: Senhor Deus, aceitai-nos como Comunidade, que vos busca com sinceridade, e seja nossa oferta de vosso agrado. Ofertamos nossa vida como dom de vosso amor, e todas as pessoas que labutam nesta Comunidade por meio dos Ministérios e outros serviços. Dai-nos, Senhor, a graça de cumprir fielmente vossa vontade em tudo o que realizamos a favor de vosso Reino. Amém.

13

MARIA: EXEMPLO DE AMOR E DE VIDA DOADA!

1. Antífona

Seus filhos se erguem para proclamá-la bem-aventurada. Ela se levanta antes da aurora para dar o alimento a cada um. *(Pr 31,28.15)*

2. Meditando

Maria nos inspira na missionariedade do Dízimo.

Maria foi a plena gratidão para com Deus. Acolheu sua vontade, desfez seus planos, e abraçou fielmente o mistério da encarnação do Filho de Deus. Ela é a bem-aventurada. Quando pensamos em Maria e a contemplamos, reconhecemos nela a imagem perfeita de discípula-missionária. Suas atitudes nos tocam profundamente e nos interrogam, pois ela fez tudo conforme a vontade divina, e nós nem sempre assim o fazemos.

Ela pede que façamos como Jesus fez e o que Ele fez, e aí estaremos à escuta das pessoas, de suas angústias e incertezas, ao lado da Comunidade, que caminha em meio à insegurança e esperança.

Certamente, teremos muita alegria se nos inspirarmos no jeito de Maria para nossa ação missionária. O trabalho pastoral do Dízimo, antes de tudo, é um trabalho missionário, apostólico. Já vimos quantas implicações ou pertinências importantes tem a Pastoral do Dízimo.

Basta olharmos com um pouco mais de calma e profundidade, que saberemos reconhecer tantos gestos marianos em nossa Comunidade, verdadeiros dizimistas que ajudam a Comunidade a progredir na fé, portanto, no Reino de Deus. São casais que assumem Ministérios, são Jovens que buscam ao Senhor com sinceridade e estão presentes, rejuvenescendo a Comunidade, são Catequistas que anos a fio estão na Comunidade, fazendo o bem... A lista é grande, e é melhor que seja mesmo, pois isso significa que há muitas pessoas trabalhando.

É justo reservamos, dentro da reflexão do Dízimo, um momento com Maria, pois ela é modelo, protótipo de Evangelho. Sua preocupação foi com a causa do Reino, e estar ao lado de seu Filho sem cessar significa participação constante na causa do Reino. Ir à casa de Isabel ou sua presença e interjeição na festa de casamento em Caná da Galileia mostram a atitude atenta de Maria para com as necessidades das pessoas e da Comunidade. Aqui é a fé misturada com a vida, a vida misturada com a fé.

Cristo nos ensinou a viver a fé dentro da realidade histórica que nos cerca. Querer uma Igreja que seja pomposa, triunfante no mundo, é estar vivendo fora do desejo de Cristo. Ele foi ao encontro das pessoas, tocou nos doentes e pecadores, leprosos, mesmo que dissessem para Ele que isso "o deixaria impuro". A preocupação de Jesus foi para com a pessoa, com seu bem, sua libertação e salvação. Desse mesmo modo agiu Maria.

Por isso, não pode haver nenhuma novidade para o cristão praticar o bem. Se ficamos admirados ao ver um cristão praticando o bem, é melhor perguntarmos a nós mesmos o tamanho de nossa fé, de nossas atitudes cristãs. Interessante que, quanto mais nos aproximamos de Maria, mais nos aproximamos da pessoa de Cristo e de seu Evangelho. Por isso, Maria é, de fato, caminho que nos conduz a Jesus.

Deixemos, pois, Maria tomar parte em nossa "Pastoral do Dízimo", e que ela nos dê a graça de sermos verdadeiramente "Missionários da Partilha".

3. Palavra de Deus
Bem-aventurada aquela que acreditou que se cumpriria o que lhe foi dito da parte do Senhor! *(Lc 1,39-45 – Ler o texto completo em sua Bíblia)*

4. Momento orante

— Graças vos damos, ó Mãe, por irdes pressurosa à montanha para ajudar Isabel,

— caminhando muitos quilômetros, para servir e amar!

— Graças por entrardes nas casas das pessoas e principalmente em seus corações,

— estendendo vossas mãos para acolher, afagar e ajudar!

— Graças, ó Mãe, pois sabeis compreender a mãe entristecida por não mais poder ajudar

— o filho que sofre, o que está doente e aquele que está para chegar!

— Obrigado, Mãe, por serdes nosso amparo materno

— em todos os dias de nossa vida. Amém!

Oração: Ó Mãe de Jesus e nossa Mãe, nós vos amamos e reservamos em nossa vida um lugar especial para vós, pois sois nosso exemplo de amor a Deus e de cumprimento de sua vontade. Iluminai nossa inteligência, ó Mãe, para que tenhamos atitudes nobres e sempre de acordo com o ensinamento de Cristo. Iluminai nossa vontade, para que jamais nos desviemos do caminho do céu. Amém.

ÍNDICE

1. Dízimo: Bênção do Céu! 9

2. Deus partilha conosco:
O dom da criação! 13

3. Abraão:
Escuta da Palavra! 17

4. A Ceia no Egito:
Partilha da Mesa – Libertação! 21

5. A dádiva da vida:
Dom maior e sublime! 25

6. Nossa vocação:
Amar e servir! 29

7. Confiar na Palavra:
Importa lançar as redes! 33

8. Educar-se na fé:
Deus ama a generosidade! 37

9. Repartir a vida:
Partilhar os dons! 41

10. Repartir o pão:
A partilha mata a fome! 45

11. Dízimo:
Pagar? Contribuir? Trazer? 49

12. Missionários da partilha:
Eis nossa missão! 53

13. Nossa Senhora:
Exemplo de amor
e de vida doada! 57

Este livro foi composto com as famílias tipográficas Cantonia, Minion Pro e Segoe e impresso em papel Offset 63g/m² pela **Gráfica Santuário.**